AF299749

DISCOURS

PRONONCÉ

par M. Etienne LAMY

le 18 avril 1898

À LA SALLE WAGRAM

LES CATHOLIQUES

ET LA

SITUATION PRÉSENTE

PARIS

Aux Bureaux de « *La Politique Nouvelle* »

3, rue Rossini

et chez M. GAINCHE, Éditeur

15, rue de Verneuil

Les Catholiques et la situation présente

L'apaisement

Depuis vingt ans, Messieurs, les hommes les plus injuriés, les plus accusés et les plus calomniés de France ont été, sans contredit, les catholiques.

Ceux qui poursuivent cette entreprise d'avilissement prétendent représenter l'opinion générale. Ils l'ont trompée longtemps. Mais peu à peu elle les a vus se compromettre dans toutes les aventures qui ont indigné sa probité ou son patriotisme. Elle a dû reconnaître en eux tour à tour les politiciens disqualifiés, les financiers suspects, les agents des influences antifrançaises, les accusateurs de l'armée, les intellectuels parvenus à l'inintelligence de tout ce qui est sain.

A de tels adversaires nous n'avons pas à répondre. Il ne saurait nous déplaire d'être odieux à ceux qui n'ont ni le patriotisme sûr, ni la conscience droite, ni les mains nettes.

L'opinion, en leur échappant, revient à sa naturelle impartialité. C'est « l'esprit nouveau » qu'annonçaient déjà Spuller, Challemel-Lacour et Jules

Ferry lui-même, à la fin de leur carrière. Il s'est heurté d'abord au «vieil esprit», d'un monde parlementaire où l'hostilité religieuse était une foi.

Mais, là même, le temps a fait son œuvre. Il y a deux années, le chef d'un cabinet a osé nommer l'esprit nouveau de son nom véritable « l'apaisement religieux ». Et l'accusation de cléricalisme portée, sur cette unique preuve, contre cet homme d'Etat, par les représentants de la vieille politique, n'a pas empêché le ministère d'obtenir une majorité et de durer. Sans doute, de l'apaisement nous avons eu le mot sans les actes, mais il y a des mots qui ont une vertu d'actes, des idées qui sont des semences, et si la semence ne pouvait germer dans le sol épuisé du Parlement, elle a été recueillie dans la bonne terre profonde du pays. C'est là qu'elle doit lever en moisson.

Or, la moisson est proche. Un jour, tous les quatre ans, la France devient souveraine et fait ses destinées. Le 8 mai prochain est un de ces jours. Le moment est donc opportun pour redire à la France pourquoi la guerre religieuse n'a plus de prétexte, comment elle doit finir, et combien cette paix est nécessaire à la patrie.

Le prétexte de la lutte religieuse

La lutte religieuse est née d'une lutte politique Le choix entre le pouvoir héréditaire et le pouvoir électif, qui a été le problème du siècle, s'est imposé à la France quand, en 1871, elle a dû rétablir un gouvernement. A ce moment, elle imputait à l'Empire toute la responsabilité de la guerre, faute de savoir encore toute l'histoire des provocations prussiennes et elle écarta de l'Assemblée nationale presque tous les bonapartistes; elle ne pardonnait pas à la République d'avoir prolongé la résistance et la défaite, ne comprenait pas encore que cette constance avait été utile à l'honneur, et elle accorda à peine le tiers de ses suffrages aux républicains ; elle donna une énorme majorité aux monarchistes qui n'avaient aucune responsabilité dans nos désastres et avaient fait vaillamment leur devoir. Les catholiques, a ce moment, se trouvaient divisés comme la France elle-même. Une partie croyait le temps de la République venu. Les plus nombreux, les plus connus, préféraient l'alliance de l'autel et d'un trône. L'anéantissement du parti bonapartiste offrait la chance imprévue de restaurer, par une entente entre légitimistes et orléanistes, l'unité et, par suite, la force de la monarchie. Les chefs des catholiques se prêtèrent aux tentatives de la fusion ; après l'échec, refusèrent de suivre le pays en sa marche vers la République ; enfin, elle était établie à peine, qu'ils s'associèrent à l'acte du 16 mai.

Beaucoup d'entre eux ne songeaient qu'à fortifier dans le ministère et dans la Chambre les intérêts conservateurs et religieux. Le passé de la République justifiait ce souci, et certains indices attestaient déjà la persistance de passions démagogiques et sectaires. Mais ces passions, encore à l'attache, tiraient sur leur chaîne sans la rompre, et si elles aboyaient déjà, elles ne mordaient pas encore. La France ne craignait donc pas pour les principes conservateurs. Mais quand elle vit une Chambre et un ministère républicains disparaître, avec l'approbation des monarchistes, par l'accord d'un Sénat et d'un président non républicains, elle eut peur pour la République. Elle aimait ce régime parce qu'il était nouveau, qu'elle l'avait longtemps attendu, qu'il était le seul possible, et, contre les catholiques unis aux monarchistes, elle le défendit avec une énergie où entra pour la première fois de la colère.

La colère ne juge bien ni ses coups ni ses auxiliaires. Elle ne songeait pas à troubler les croyances religieuses, elle ne voulait qu'en finir avec un trouble politique. Mais la haine antireligieuse, qui était dans la tradition du parti républicain, trouva l'atmosphère favorable qui lui avait manqué jusque-là. Les chefs de ce parti appartenaient pour la plupart à la Société secrète qui, selon les heures, dissimule ou avoue, mais entretient toujours cette haine. A la faveur des circonstances, la Franc-Maçonnerie glissa ses adeptes dans les comités, ses candidats dans les circonscriptions et son influence dans nos affaires.

Par sa victoire, la France avait cru remettre le pouvoir à un parti de politiques, elle l'avait livré à une secte de philosophes. Leur philosophie tenait le catholicisme pour une superstition: elle rêvait de donner une nouvelle morale, émancipée du surnaturel, et fille de la science, à l'humanité devenue son propre Dieu.

Si ces penseurs s'étaient contentés de défendre cette doctrine par la propagande, ils auraient usé d'un droit consacré dans les pays où existe la liberté de conscience. Mais la nouveauté et l'excès de leur entreprise fut d'une part d'employer, au profit de leur irréligion, toutes les ressources de l'autorité publique; d'autre part de poursuivre ce dessein sans l'avouer.

Sur le dessein, il n'y a plus aujourd'hui de contestation possible. Il apparaît avec une clarté d'évidence en deux œuvres : une œuvre de gouvernement, une œuvre de législation.

L'œuvre de gouvernement a été : enlever toute part d'autorité, d'influence, de fonctions aux catholiques ; et non seulement aux catholiques monarchistes, mais aux catholiques républicains.

L'œuvre de législation a été : gêner, humilier, appauvrir, paralyser, étouffer par des artifices et des contraintes la vie naturelle du catholicisme en France.

Comment une entreprise si peu conforme à la générosité et au vœu de la France a-t-elle réussi? Parce que ses auteurs ont marché à leur but en le niant. S'ils pressaient les républicains de rendre au catholicisme les coups portés par les catholiques à la République, ils avaient soin d'affirmer que cette représaille toute politique était dirigée contre l'obstination des monarchistes et prendrait fin quand le gouvernement ne serait plus contesté. Le double jeu de meneurs qui, révélant la véritable pensée aux seuls adeptes, la dissimulaient, par l'habile maintien du budget des cultes, aux regards lointains et tout matériels de la foule, contribua à favoriser la confusion. Chaque mesure était calculée pour exciter les protestations des catholiques, et leurs protestations, présentées comme des actes d'hostilité à la République, servaient de prétexte pour perpétuer la lutte contre le catholicisme. Ainsi s'est accomplie une des substitutions de volonté les plus frauduleuses qui aient vicié les affaires d'un Etat.

Dans cette confusion, personne n'était sans reproches. Les catholiques avaient tort de s'en prendre, à cause de leurs griefs légitimes contre certaines lois et contre certains hommes, à la forme de gouvernement qui permet le mieux de remplacer les hommes et de changer les lois. Les républicains avaient tort de transformer une victoire politique en lutte contre les consciences. Et si les catholiques, en s'attardant à la monarchie, se trompaient sur une question de temps et de forme, les républicains, en combattant les croyances religieuses, se trompaient sur l'essentiel de l'ordre, d'un ordre nécessaire à tous les temps.

L'adhésion des Catholiques à la République

Quand une réconciliation est souhaitable, le premier pas est fait d'ordinaire, non par celui qui a le plus de torts, mais par celui qu a le plus de sagesse. Le premier pas, le pas décisif a été fait par les catholiques.

Les conseils, l'expérience, l'avènement des jeunes générations ont créé parmi eux aussi un esprit nouveau. De plus en plus nombreux, ils se sont demandé si la République ne serait pas plus facile à améliorer qu'à détruire, et si, pour leurs croyances même, ils n'avaient pas intérêt à l'accepter. Ils ont mesuré toutes les conséquences contenues dans cette acceptation. Ils ont compris que les garanties offertes à leurs croyances par la République différaient des garanties organisées par la Royauté chrétienne ; que sous un régime électif, où l'autorité est établie à court terme, où les luttes incessantes et les victoires fugitives des partis ouvrent tour à tour l'accès du pouvoir au zèle, à l'hostilité, à l'indifférence envers la religion, l'Eglise n'a plus à se reporter sur la piété personnelle du chef de l'Etat, ni sur les traditions catholiques du gouvernement ; que pour s'assurer un sort stable à travers les mobilités du pouvoir, elle doit le rendre indépendant de la politique, et le fonder non sur la faveur de majorités passagères, mais sur la permanence des lois justes ; que pour être respectées et durables, ces lois ne doivent pas être avantageuses aux catholiques, mais à tous les citoyens ; que l'Egalité et la Liberté, dettes de la République envers tous, étaient les seules garanties à obtenir et à désirer. Le besoin d'échanger, d'éprouver ces idées a poussé les uns vers les autres les principaux groupes des catholiques.

Chacun d'eux dans son isolement avait trouvé la même inspiration de sagesse et de concorde : ils ont voulu consacrer et perpétuer cet accord par une Fédération.

Le pacte que cette Fédération a délibéré, souscrit, et que l'année dernière les catholiques ont acclamé dans leurs congrès de Paris et de Lyon, affirme et sert un triple dessein :

L'apaisement des luttes politiques par l'acceptation de la République ;

L'apaisement des difficultés religieuses par la Liberté et l'Egalité ;

La grandeur de la France par la concorde de tous les bons Français.

Au jour où s'ouvre la période électorale, la Fédération a voulu rappeler ces faits. Président de la Fédération, je lui obéis en affirmant à nouveau son programme. D'ailleurs ce choix dont elle m'a honoré est lui-même un gage des volontés exprimées par elle. Car pour préférer aux chefs désignés par leur mérite le soldat que je suis, elle a eu une seule raison : ce soldat est un républicain de la première heure, et qui, ayant eu à combattre à l'origine la politique d'intolérance, l'a combattue au nom de l'égalité et de la liberté.

Cette évolution des catholiques est un des actes les plus importants de la politique contemporaine. Grand acte de courage, car beaucoup ont sacrifié au devoir leurs traditions et leurs préférences ; grand acte de discipline, car ces troupes ont dû se former et changer de positions sous le feu ; grand acte d'intelligence, car les victimes d'une République intolérante et haineuse avaient à pressentir, malgré les sévices du présent, les futurs avantages d'une République juste et libre; surtout grand acte d'habileté, car elle détruit l'équivoque derrière laquelle les sectaires se tenaient embusqués. Les républicains ont dit et affirmé ne lutter que contre une opposition politique. Cette opposition a disparu. L'heure est donc venue d'examiner quelles mesures de représailles sont devenues inutiles et de les abolir.

Les lois intangibles et la liberté

C'est ici, Messieurs, que se dresse contre nous l'obstacle ingénieux des « lois intangibles ».

Les défenseurs de « l'esprit ancien » tiennent à maintenir un ensemble de mesures qu'ils seraient incapables de justifier si elles étaient impartialement étudiées une par une. Ils renouvellent, pour les perpétuer, la ruse qu'ils ont employée pour les établir. Alors ils ont obtenu qu'on n'y regardât pas de près, sous prétexte que c'étaient des mesures de circonstance. Maintenant qu'ils craignent l'adhésion des catholiques à la République, ils déclarent que pour adhérer à la République il faut adhérer non seulement à sa forme, mais à son esprit ; que son esprit est renfermé en certaines lois, que ces lois sont donc inséparables de la République, et qu'il est vain d'accepter celle-ci sans accepter celles-là.

Ainsi le parti qui a fait ces lois échappe de nouveau, en les imposant en bloc, à l'obligation de les justifier en détail. Comme les lois déclarées « intangibles » sont toutes celles que les catholiques ont combattues, ils demeurent ainsi hors de la République, bien qu'ils l'acceptent. Hier nous n'avions pas le droit de discuter ces lois parce que nous n'étions pas Républicains, aujourd'hui nous ne sommes pas Républicains parce que nous les discutons.

Voici notre réponse à cette casuistique:

Etre républicain, c'est ne pas vouloir la monarchie.

Parmi les républicains, chacun a droit de tenir

pour plus conforme à l'esprit républicain les lois qu'il veut. Mais ce dont chacun doit se garder, surtout ceux qui se prétendent les purs de la République, c'est d'introduire dans ce régime l'idée de lois intangibles, car c'est là de l'esprit monarchiste.

Oui, quand la pérennité du pouvoir dans une famille est l'essence du régime, cette première loi est soustraite aux atteintes des impopularités et aux inconstances de chaque génération dans l'intérêt de l'être séculaire, la race ; d'autres lois concordantes et destinées à maintenir les intérêts stables et les volontés immobiles peuvent de même être mises au-dessus du consentement. Mais la République est le gouvernement de l'opinion; et son avantage, que ses partisans croient ne pas payer trop cher au prix d'une mobilité chronique, est d'assurer sans cesse, fût-ce par l'inconstance et les contradictions, le respect de la volonté générale. Sous ce régime, « lois intangibles » est un non sens.

Si nous déclarions accepter comme intangible la situation contre laquelle nous n'avons cessé de protester, depuis vingt ans, on aurait le droit de ne pas nous croire et de nous mépriser. Nous n'abdiquons devant aucune mesure et devant aucune personne notre droit d'examen et de jugement. Pour les lois, toutes les lois, nous voulons être justes, c'est le meilleur moyen d'obtenir justice. A qui hurle : Lois intangibles, nous ne répondrons pas : Lois scélérates. Quand nous étudierons la loi militaire, nous n'hésiterons pas à trouver bon, moral, salutaire, que tous concourent à la défense du pays et portent durant la guerre leur part de courage, de dévouement et de souffrances. Quand nous étudierons les lois scolaires, nous serons les premiers à proclamer que l'élan donné à l'enseignement supérieur fait honneur à la France, et quand notre attention se portera sur l'enseignement primaire, nous ne nierons pas ce qu'il y a de légitime, de généreux et de prudent dans la volonté d'instruire une démocratie destinée à se gouverner elle-même. Mais si nous constatons que certaines mesures, les qualifiât-on scolaires ou militaires, ne sont inspirées ni par le souci du savoir ni par le patriotisme, mais par un sentiment sectaire, et que, sans aucune utilité publique elles blessent la conscience religieuse, nous le dirons avec la même indépendance. Veut-on connaître dès maintenant notre critique générale contre notre enseignement primaire? Nous lui reprochons une tendance croissante à exagérer le droit de l'Etat et à réduire à rien le droit du père. Là encore l'esprit sectaire a causé l'erreur : les hommes qui voulaient l'enseignement irreligieux se sentaient en désaccord avec les familles; pour passer outre, il leur fallait rendre omnipotent l'Etat qui était eux. Nous travaillerons à ce que cet excès disparaisse, et que, sans méconnaître les droits qui appartiennent à l'Etat, la famille reprenne le sien, qui est le premier.

Pas davantage ne tenons-nous pour intangible un état de choses où le titre de catholiques, comme une déchéance, suffit à écarter un homme des charges publiques.

Nous entendons depuis quelque temps flétrir les guerres de religion et de race. Nous ne sommes pas de ceux qui les excitent, mais qui les subissent depuis vingt ans, et le plus sûr moyen d'empêcher qu'elles commencent contre d'autres, est d'empêcher qu'elles se perpétuent contre nous. Nous ne désirons enlever à personne sa part légitime. Mais dans un pays qui n'est encore ni franc-maçon, ni protestant, ni juif, il est illogique, scandaleux, intolérable que les sectateurs de ces divers cultes comptent seuls et dominent tout. Fils les plus anciens de la patrie française, nous ne réclamons pas contre eux notre droit d'aînesse pour administrer le patrimoine commun. Mais nous prions les fils cadets et les nouveaux venus, qui occupent la maison paternelle comme si elle était à eux seuls, de nous faire place au foyer commun.

La réforme du régime parlementaire

N'eussions-nous d'autre but que d'obtenir cette justice et de pourvoir à nos intérêts, au nom de l'égalité et de la liberté, nous aurions droit à être entendus.

Mais quand nous voulons reprendre notre rôle dans la nation, nous ne songeons pas seulement à nous, nous pensons surtout à elle. En demandant des droits à la France, nous croyons lui apporter des forces. Nous voulons, nous pouvons la servir.

Prouvons l'utilité de ce concours, sans sortir du cercle où se meut la pensée de ceux qui sont aujourd'hui les hommes d'Etat du parti ; bornons-nous aux questions qu'ils soulèvent eux-mêmes et qui sont aujourd'hui leur programme électoral.

Les hommes d'Etat républicains signalent dans la situation présente trois dangers :

Le régime parlementaire s'est corrompu par l'usurpation du pouvoir législatif sur le pouvoir exécutif ; usurpation qui a pour conséquences le désordre des finances et la faiblesse anarchique du gouvernement.

Les peuples ne vivent plus d'une vie isolée : c'est dans l'univers entier que s'étendent leurs intérêts, que rivalisent leurs ambitions et que se décide leur rang. Pour garder son rang, il faut que la France porte hors de ses frontières une activité plus attentive et plus persévérante.

L'ordre au dedans, la grandeur au dehors n'existent pas pour un peuple livré à la lutte des classes. Cette lutte est préparée par le collectivisme. Il faut pour la prévenir opposer des remèdes efficaces aux maux guérissables des prolétaires, et des réfutations convaincantes aux chimères scientifiques des agitateurs.

Nous reconnaissons volontiers que, pour la première fois depuis longtemps, ce programme pose des problèmes opportuns, urgents et d'une utilité générale. Ses auteurs le croient sans doute aussi habile par ce qu'il tait que par ce qu'il dit, et pensent qu'en appelant l'attention sur ces trois difficultés, ils ont ajourné l'embarras de se prononcer sur une autre, la difficulté religieuse. En cela, ils se trompent. Je veux, en parcourant les trois articles du programme, prouver qu'aucun des trois problèmes posés n'est indépendant du problème religieux, et qu'aucun ne peut être résolu sans nous.

Le remède qu'on propose aux abus du régime parlementaire est une double modification au règlement de la Chambre. Qu'elle renonce, en limitant le droit d'interprétation, à ce jeu de massacre installé en permanence, à boule que veux-tu, contre les ministres: et voilà la stabilité des cabinets obtenue. Qu'elle abandonne au gouvernement l'initiative des dépenses : et voilà l'ordre des finances rétabli.

J'admire combien les esprits qui s'honorent d'être positifs se laissent prendre à des apparences. Sans doute ces remèdes seront efficaces si le Parlement les adopte. Mais y a-t-il chance que le Parlement les adopte? Je réponds : si la politique, victorieuse depuis vingt années, ne change pas, le Parlement ne peut renoncer à ces abus. Ils sont nécessaires à sa vie. Lui demander

leur réforme, c'est lui proposer un suicide.
Les partis comme les hommes ont l'instinct de
la conservation. Pour durer au pouvoir dans une
démocratie, il n'y a que deux moyens : un moyen
naturel, satisfaire l'opinion publique ; un moyen
factice, la corrompre. Au 16 mai, l'opinion fut
incontestablement avec le parti républicain,
puisqu'il l'emporta malgré le pouvoir d'alors: mais
la majorité était faible, et pour devenir solide,
ce parti aurait eu besoin d'élargir cette base de
consentement. Parmi ses adversaires monarchistes et catholiques, les uns étaient irréducti-
bles, c'étaient ceux qui voulaient avant tout la
royauté; mais ceux qui, beaucoup plus nombreux, tenaient avant tout au respect de leur
foi, pouvaient être gagnés par une politique
bienveillante ou simplement équitable. En pré-
férant la guerre religieuse, le parti victorieux a
rétréci sa base au lieu de l'élargir, a tourné contre
lui nombre de ceux qui avaient,en 1877, soutenu
le champion de la République et refusaient leur
concours à l'adversaire du catholicisme. Dès
lors, le Parlement n'a plus représenté qu'une
minorité.
De là, pour étayer cette faiblesse organique, le
besoin d'une force factice. Cette force était la
puissance du Gouvernement, si influente, et par
tant de prises, sur les électeurs Français. Elle-
même suffisait à peine. En 1885 il a suffi qu'une
expédition stérilement meurtrière émût l'amour
propre et la pitié de la France; en 1889 il a suffi
que dans la brume grise d'un régime sans grandeur,la France crût reconnaître un homme : deux
fois le régime a failli chavirer. Alors, les parlementaires, qui avaient senti le froid de la mort
électorale, ont cru que pour être bien défendus
contre les émancipations possibles de la volonté
publique, le plus sûr était de se défendre eux-

mêmes. C'est pour se défendre que, transformant la politique vide d'idées générales en un marché d'intérêts locaux et particuliers, ils ont mis au pillage le budget devenu leur caisse électorale. C'est pour se défendre qu'il leur a fallu changer le caractère des services publics, avoir chacun sous sa main, à son choix, les fonctionnaires de son fief politique, non comme les serviteurs impartiaux de tous les Français, mais comme des agents de privilèges pour ses amis, de vexations contre ses ennemis, comme des créatures de son influence, attachées à sa fortune, et qui perdent leur carrière s'il ne garde ses électeurs. Si ces moyens étaient nécessaires quand le parti républicain formait, grâce à la concentration, un bloc unique, combien deviennent-ils plus nécessaires, maintenant que la concentration, malgré tous les efforts, se brise et que radicaux ou modérés au pouvoir auront à vaincre, outre leurs anciens adversaires, une partie de leurs anciens amis! Comment une minorité de plus en plus restreinte se maintiendra-t-elle, sinon par une action plus violente des abus? Et quand il est question de la vie pour les ambitions, vous tissez pour les arrêter des toiles d'araignée sous le nom de règlements! J'admets que les Chambres les votent : la belle garantie et ne restent-elles pas maîtresses de les abroger? Il n'en sera même pas besoin, et sous ces règlements nouveaux les anciens abus vivront à l'aise. La voie a été ouverte aux désordres par la dépendance où les Chambres tiennent les ministres : or la responsabilité ministérielle devant le Parlement n'est pas détruite par les profits des réformes. Il suffira aux députés de porter aux affaires des ambitieux complaisants, et d'accorder le pouvoir à qui se laissera prendre l'autorité. Et la stabilité ministérielle atteindra son apogée quand les ministres, greffiers dociles, auront l'air de proposer par leur initiative propre les mesures d'anarchie ou de déficit que les parlementaires leur souffleront.

Pour déraciner ces abus, les règlements nouveaux ne suffisent pas, il faut une politique nouvelle. Le Parlement ne renoncera aux forces factices que lorsqu'il se trouvera fort d'une force naturelle. La paix religieuse la lui rendrait.

Que la République ajoute à ses vieilles troupes les Français attachés à la paix religieuse, elle aura réuni l'immense majorité de la nation. Oui, au parti ou à l'homme qui saura, comme Henri IV après la Ligue, donner à la France un édit de Nantes, la France réservera une incomparable popularité. Je souhaite que cette récompense soit méritée non par un grand homme, mais par un grand parti. Celui-là, porté par la gratitude publique, s'accroîtra tout naturellement par la réduction des dépenses et des fonctions devenues superflues pour sa défense, il ne ruinera plus la moitié de la France pour corrompre l'autre, et l'on ne connaîtra plus cette invasion de la fortune publique et ce pillage de l'autorité par des hommes qui ont à la fois la certitude de ne pas obéir à leur pays et la volonté de se perpétuer au pouvoir.

Non seulement vous aurez renouvelé votre politique, vous aurez renouvelé votre personnel. Je m'abstiens de rappeler en quels termes on parle partout des députés actuels : je ne cherche pas à triompher du mal, mais à le guérir. Je rends même aux parlementaires ce témoignage qu'il y a, dans ce milieu si impopulaire, des compétences, du labeur et des talents. Mais si le gouvernement doit être l'expression suprême des dons et des vertus d'une race, combien l'image de la

France est amoindrie, effacée, dégradée dans ses représentants ! Et comment non ? Considérez dans quels milieux restreints ils se recrutent. Les monarchistes n'acceptaient pas la République : ainsi ont été inutilisés des hommes qui ont l'intelligence de nos intérêts traditionnels et dont les noms eussent apporté à notre diplomatie un utile éclat. La République n'acceptait pas les catholiques : ainsi ont-ils été écartés. On n'a même pas eu à choisir parmi les indifférents en matière religieuse. L'esprit de secte sévissait avec ses exclusions et ses tyrannies. L'irréligion réelle ou feinte étant la vertu essentielle, on ne pouvait se montrer difficile pour l'accessoire, l'intelligence, la dignité de la vie, la probité même ; l'anticléricalisme suffisait à tout, suppléait à tout, dispensait de tout.

Ne sentez-vous pas, Républicains soucieux de l'avenir, que ce système est faux, mortel à la République, mortel à la Patrie ? Que diriez-vous d'un homme qui voudrait n'agir qu'avec la moitié de ses membres, penser avec la moitié de son cerveau, aimer avec la moitié de son cœur ? On a fait pis. Voyez combien une sélection à rebours a réduit le cercle des choix et la valeur des hommes. Songez à ce qu'il y a, depuis vingt ans, de forces systématiquement perdues. Renouvelez l'atmosphère, élargissez les choix, levez l'ostracisme qui pèse depuis vingt ans sur les catholiques. Ils apporteront au gouvernement ce qui lui manque le plus, le caractère, la haute moralité, le sentiment de nos traditions historiques.

La politique extérieure et le protectorat

Leur collaboration, précieuse pour la gestion de nos affaires au dedans, est plus nécessaire encore à la sauvegarde de nos intérêts extérieurs.

Il est bon que ces intérêts ne restent pas uniquement confiés au vieux parti républicain. Il a donné trop de preuves que l'on peut avoir le patriotisme sincère et se tromper. On ne saurait reporter la pensée sur les fautes qui ont, dans la seconde moitié du siècle, préparé notre abaissement, sans se rappeler quelles capitales erreurs de jugement furent les siennes. Si, après avoir constaté combien il s'est trompé, on cherche pourquoi il s'est trompé, on trouve au fond de toutes ses erreurs la même cause, le préjugé antireligieux. Et tout douloureux qu'ils soient, ces faits sont nécessaires à rappeler, parce que la même erreur si funeste dans le passé se continue dans le présent.

La France, bornée par la mer, de grandes montagnes et de petits peuples, était la nation privilégiée de la nature et de l'histoire ; et pour n'avoir rien à craindre il nous suffisait de respecter dans cette œuvre la seule chose qu'il fût en notre pouvoir de changer, de ne pas rendre grands ces petits peuples. Derrière les Alpes, l'Italie était, depuis la chute de l'empire Romain, partagée en multiples états ; derrière le Rhin la société germanique répugnait par ses traditions à l'unité. Il nous était facile de concilier ce que commandait leur calcul et le nôtre, de protéger ces nombreux foyers de vie, ces souverainetés modestes, nous tenir séparés, par ces voisins pacifiques, des nations ambitieuses.

Lorsqu'en 1859 l'Empereur voulut délivrer l'Italie de l'Autriche, la forme naturelle de cette indépendance était une con-fération. Un seul parti, dès l'origine, réclama l'unité de l'Italie, c'était le parti républicain. Lorsqu'en 1866 la Prusse et l'Autriche se disputèrent l'hégémonie sur la confédération germanique, notre intérêt évident était que le succès fût à l'Autriche : notre ancienne rivale était une puissance vieillie, douce d'humeur, embarrassée par ses nationalités multiples, éloignée de nos frontières, et qui eût présidé, sans les réveiller, aux destinées pacifiques et somnolentes du corps germanique. La Prusse, en crise de croissance, batailleuse contre tous, haineuse contre nous, et notre voisine, ne pouvait animer de son énergie et discipliner de sa main organisatrice et brutale la race allemande sans qu'un grand danger commençât pour la France. Il y eut en France un parti qui voulut avec passion le triomphe de la Prusse : ce fut le parti républicain.

Pourquoi adoptait-il en Italie et en Allemagne une politique si contraire à nos traditions, à notre intérêt, à ses propres principes ? vous ne trouverez pas d'autres raisons que celles-ci : le parti républicain a souhaité l'abaissement de l'Autriche et l'exaltation de la Prusse, parce que l'Autriche était catholique et croyante, la Prusse protestante, philosophe et sceptique, et que le triomphe de la Prusse sur l'Autriche était celui de l'avenir sur le passé, de la pensée libre sur la superstition. Le parti républicain a, en Italie, combattu la fédération républicaine au profit de l'unité monarchique, parce que, dans la Fédération, la Papauté pouvait trouver place et que l'unité entraînait la ruine du pouvoir temporel. Dans l'un et l'autre cas, c'est la passion antireligieuse qui l'a induit à résoudre par des spéculations philosophiques ce qu'il fallait résoudre par intelligence nationale. Cette double faute nous a coûté notre rang parmi les peuples : c'était payer un peu cher la satisfaction de faire échec au catholicisme en Italie et en Allemagne.

Ne croyez pas qu'après de telles rançons le préjugé antireligieux ait épuisé ses attaques à notre grandeur. A l'heure présente l'on nous convie à chercher partout au dehors des rela-

tions, des établissements, des centres d'influence;
et il reste à la France, sur les points les plus importants du monde, un immense domaine d'intérêts et d'influences; cette grandeur est la seule
primauté que la guerre nous ait laissée intacte ;
les préjugés irreligieux l'ont déjà amoindrie et,
si l'on n'y met ordre, menacent de la détruire. Ce
patrimoine, c'est notre protectorat catholique dans
le Levant et en Chine.

Il est quatorze siècles trop tard pour empêcher
que la France n'ait été le missionnaire semeur du
catholicisme. Etabli par nos rois de la première
race en France, par Charlemagne et ceux de la
seconde dans l'Est encore barbare de l'Europe,
porté en Asie par l'élan national des Croisades,
il a depuis continué partout sa propagande, avec
une intelligence plus parfaite de l'Evangile, sans
force matérielle, par nos missionnaires. Ils se
sont attaqués d'abord aux deux religions les plus
répandues, l'Islamisme et le Boudhisme, qui, malgré quelques beaux préceptes de morale, tiennent les races immobiles et comme incapables de
progrès. Ils furent là les premiers, longtemps
les seuls, en Turquie et en Chine. Au seizième
siècle, François Ier mit à profit son alliance avec
le Grand Turc pour obtenir qu'eux et leurs mis-
sions fussent, en terre ottomane, sous la protection du Gouvernement Français. Au dix-huitième
siècle un traité analogue fut obtenu de l'empereur Chinois. Dès lors, pour avoir part à ce double privilège, les missionnaires catholiques de
toutes les nations se sont mis sous le patronage
de notre drapeau et sous l'autorité de nos diplo-
mates. Et le Saint-Siège nous a reconnu cette
primauté.

Voilà le Protectorat. On comprend quels services rendent à un pays ces envoyés volontaires
qui répandent la connaissance de sa langue, le

renom de sa force, l'usage de ses produits, quels avantages y trouve son commerce, quel appui ses entreprises, et quel prestige prend aux yeux de la race indigène la nation qui exerce sa tutelle sur toutes les autres et semble avoir pour tributaires leur énergie et leurs vertus. Or, le littoral de la Méditerranée et les étendues de la Chine sont les places de l'univers où les nations se disputent aujourd'hui les territoires fertiles, les posititions stratégiques, et des populations assez denses et civilisées pour servir à l'exploitation rémunératrice que l'on nomme la civilisation. Ainsi l'instinct désintéressé de religieux obscurs nous a préparé depuis des siècles l'avantage là même où sont plus âpres les rivalités des intérêts matériels.

Plus cet avantage est grand, plus il pèse aux autres nations. Désireuses de ne pas travailler à notre profit, elles sont, depuis la guerre, d'accord pour réclamer chacune la tutelle sur ses missionnaires, c'est-à-dire pour détruire, en se le partageant, notre protectorat. Si leur prétention nouvelle et notre vieux droit avaient pour arbitres les puissances politiques, c'est-à-dire les souverains orientaux qui nous ont consenti ce privilège et les nations européennes qui désirent ne plus le supporter, il serait perdu déjà. Nous ne saurions l'imposer par la force à la résistance de l'Europe, et les souverains orientaux qui cèdent si aisément leurs propres territoires ne s'obstineraient pas à nous conserver nos droits.

Qui donc soutient encore ces droits ? Une seule puissance : la Papauté. Tant qu'elle nous reconnaîtra la situation conquise par nos anciens services, elle maintiendra par le lien d'obédience religieuse, le plus puissant des liens, les missionnaires de toute race autour de notre drapeau.

Mais la Papauté elle-même n'est pas maîtresse

de sa décision. A ses yeux, l'intérêt suprême est la diffusion de l'Evangile, le protectorat est un moyen de cette propagande. Le jour où nous n'exercerions plus la fonction, la conscience même obligerait le chef de l'Eglise à demander à d'autres mains le service déserté par nous.

Or, notre protectorat s'est trouvé, au début de la lutte religieuse, englobé dans le même mépris que toutes les manifestations de la vie catholique. Gambetta avait bien dit : « L'anticléricalisme n'est pas un article d'exportation. » Il avait, étant un politique, l'art des inconséquences utiles. Mais après sa mort, ceux qu'il appelait des sous-vétérinaires se piquaient de logique : ennemi du cléricalisme, on l'était de toutes ses œuvres. Plus de concordat, plus d'ambassadeur auprès du Pape. Pour représenter le génie moderne de la France auprès des peuples étrangers, il n'était besoin que d'ingénieurs et de banquiers ; il se trouvait des députés pour déclarer que les missionnaires étaient un embarras, aux applaudissements de leurs collègues. Pas un ministre n'eût osé alors manifester en faveur du protectorat un intérêt qui l'aurait perdu sans retour aux yeux de la Chambre, de son Comité et de sa loge. Le protectorat n'était plus qu'un mot.

C'est cet abandon, c'est cette inintelligence que les nations rivales ont dénoncés à la Papauté. Et qui s'est jeté avec le plus d'avidité sur l'héritage dédaigné par nous ? Non pas seulement les puissances cléricales comme l'Autriche, mais cette monarchie italienne que nos hommes d'Etat avaient engraissée d'un traité de commerce, et qui mendiait à la Papauté une part de nos dépouilles religieuses, mais cette Prusse protestante, adversaire du catholicisme, et qui apaisait le conflit pour montrer en Chine ses missionnaires catholiques laissés par nous sans protection, et demandait à les protéger elle-même. Et la Prusse obtenait, en 1887, de la Propagande, ce droit dans une province de la Chine. C'était la première brèche à notre possession jusque-là intacte. Ainsi, la politique sectaire a continué à amoindrir notre patrimoine dans le monde et à enrichir de notre bien notre vainqueur de 1871.

J'ai hâte d'ajouter qu'aujourd'hui l'intelligence de notre intérêt s'est réveillée. Le gouvernement a fini par penser : « Puisque les Etats les moins mystiques, les plus positifs, me disputent le protectorat catholique, il a donc quelque valeur. » Et l'on a repris la formule de Gambetta.

Mais cette formule, acceptable comme compromis temporaire, ne serait, comme règle d'une conduite définitive, qu'une ineptie. Elle revient à dire : « Faisons couler à ses embouchures le fleuve que nous tarissons à sa source. » Le protectorat exige des vocations. Quelle sûreté y a-t-il pour leur recrutement régulier dans un pays où peuvent être dispersés demain, comme ils le furent en 1880, les ordres religieux soumis à l'arbitraire ? Le protectorat exige des ressources. Comment seraient-elles assurées dans un pays où la générosité chrétienne se trouve systématiquement entravée, et en partie confisquée par une fiscalité inique ? Le dévouement chrétien vaincra ces obstacles ? Soit. Mais vous seul, gouvernement, pouvez vaincre celui-ci. Le protectorat est la collaboration de la puissance politique et de la puissance religieuse: il exige entre elles, sinon identité de sentiments et de desseins, une certaine communauté morale. Où est cette union si vous continuez à combattre au dedans les doctrines et les hommes que vous prétendez soutenir au dehors ? Si vous subventionnez en Asie les religieux que vous faites saisir en France ? Si vous ins-

tallez comme maîtres dans les écoles loin-
taines ceux que vous déclarez incapables
d'enseigner dans vos écoles publiques ? Si, en un
mot, vous signifiez aux peuples indigènes que
vous trouvez bon pour eux tout ce dont vous ne
voulez pas pour vous ? Croyez-vous que ces contradictions échappent à la finesse de ces peuples,
et qu'elles ajoutent à l'efficacité de votre protectorat ? Croyez-vous qu'elles puissent inspirer
confiance à Rome, et la Papauté tenir pour le
tuteur sûr de toute la clientèle catholique un
Etat où la réputation de catholicisme suffit à
rendre un homme suspect?

Messieurs, il faut vouloir ce qu'on veut. Il est
est impossible d'avoir à la fois une politique antireligieuse au dedans et le protectorat catholique
au dehors.

Si, pendant que les puissances rivales s'honorent de respecter le catholicisme comme une
grande force morale, vous continuez à le dédai-
gner, comme une vieille superstition ; si, tandis
qu'elles s'ingénient à apaiser leurs vieux conflits
avec l'Eglise vous continuez à ne déclarer essen-
tielles à la République que les mesures dirigées
contre la conscience religieuse ; si tandis qu'elles
demandent à se parer du protectorat qu'elles sol-
licitent, votre philosophie rougit de celui qui
vous appartient, ce protectorat restera fragile.
Et si faute d'avoir consolidé votre pouvoir par
une réconciliation avec l'âme chrétienne de la
France, vous, modérés, dont la modération aura
consenti à ne vouloir avec nous ni la paix ni la
guerre, vous êtes renversés par les représentants obstinés de la guerre, s'ils ramènent au pouvoir un retour de violence religieuse, si de nouvelles fautes, commentées par l'indignation inté-
ressée de nos adversaires, lassent l'espoir obstiné
que la Papauté met en nous, notre protectorat est

menacé. Et s'il disparaît, tout ce qui sera passé aux mains de nos rivaux sera à jamais perdu. Et de l'héritage légué par notre grandeur passée, nous aurons achevé de perdre même ce que nos derniers malheurs avaient laissé intact.

La question sociale

Si enfin des dangers extérieurs nous passons au péril social, là encore, là surtout apparaît le lien entre la religion et la politique.

Hommes d'Etat philosophes, vous avez mis votre originalité à nier ce lien. Non seulement vous-vous êtes dégagés de croyances superflues à vos yeux, mais vous avez voulu qu'elles ne troublassent personne. L'exemple et l'enseignement donnés par vous apprennent à la nation entière que les problèmes de l'au-delà sont des chimères, que sur l'origine de l'homme et sa destinée on ne sait rien et qu'il est inutile de rien chercher, que la vie présente se suffit à elle-même, qu'elle est bonne. C'est alors que frappent à votre porte celui à qui la vie n'est pas bonne, le convive oublié, le pauvre, le prolétaire.

Votre sagesse sait que l'inégalité des conditions ne peut être détruite, et vous le dites. Votre pouvoir se réduit à empêcher que l'inégalité des conditions s'étende à cet excès où le superflu des uns enlève aux autres la subsistance. Vous voulez par des lois d'épargne et par une fiscalité intelligente assurer les prolétaires contre la détresse imméritée du chômage, de la maladie et de la vieillesse. Voilà votre remède à la crise sociale.

Vous demandez au riche qu'il se résigne à une réduction de sa richesse, vous demandez au pauvre qu'il se résigne à la dernière place. Au nom de quel principe obtiendrez-vous que le riche consente à ce sacrifice et surtout que le prolétaire s'en contente ?

Oui, une loi de nature prépare aux hommes, par des inégalités intellectuelles, physiques, morales, une inégalité dans la possession des biens humains. Mais une autre loi de nature pousse tous les hommes à croire qu'ils ont un droit égal à toutes les formes et à toutes les intensités du bonheur. Voilà les deux forces contradictoires qu'il faut concilier pour résoudre la question sociale.

Si la vie présente appartient seule à l'homme, il n'a pas d'autre moyen pour obtenir le bonheur, son but, que de détruire l'obstacle, l'inégalité des conditions et des richesses.

Pourquoi le prolétaire se contenterait-il de la vie sans les joies de la vie ? Pourquoi accepterait-il le labeur et la gêne et laisserait-il aux autres le repos et la richesse ? Pourquoi ne pousserait-il pas d'une impatience furieuse à la liquidation sociale ?

A cet instinct, qu'opposez-vous ? Des affirmations sur l'impossibilité de partager également la richesse sans la détruire. Des espoirs en l'émancipation progressive du prolétariat. Des appels à la solidarité humaine.

Grands mots, petites raisons. Vos plus lumineux exposés sur la circulation de la richesse ne justifieront pas aux yeux du pauvre que dans cette circulation la pauvreté seule parvienne jusqu'à lui. La ruine de la société importe peu à la victime de cette société. Si décevante que soit pour lui la liquidation des privilèges capitalistes, il gardera toujours ses bras, sa seule fortune d'aujourd'hui, et la société restât-elle dévastée comme une ville ennemie prise d'assaut, il aura du moins eu ses joies et sa part du pillage. Pour qu'il patiente, vous lui parlez de progrès, Il sait trop de quel pas marche cette tortue séculaire ; et il répond : « Ce progrès, c'est le bonheur des autres, je veux mon bonheur à moi. » Vous lui expliquez qu'ils se tiennent par la solidarité humaine. Où est-elle entre des êtres qui passent un instant sur la terre, ignorants de leur origine et de leur destinée, faits ennemis par la vie même, occupés à en défendre les uns contre les autres les avantages ? Même entre prolétaires, entre ces ouvriers qui chassent les ouvriers étrangers, ces hommes qui ne veulent pas partager le travail avec les femmes, ces femmes qui disputent au rabais le travail aux hommes, le moi féroce, le moi affamé dévore la solidarité. Et vous-mêmes, bourgeois qui dites au prolétaire d'y croire, vous lui en prouvez le mensonge. Car ses souffrances ne datent pas d'hier, et quand votre sollicitude est-elle née pour lui ? La Révolution française, en détruisant les corporations anciennes et en interdisant les associations nouvelles, a créé la solitude et la misère de l'ouvrier ; pendant trois quarts de siècle, la bourgeoisie l'a oublié. On s'occupe de lui depuis que le suffrage universel a fait de lui une force. Et ses amis nouveaux prétendent qu'il respecte le partage de la richesse fait quand il ne comptait pas, et ils lui disent, assis à la table des heureux : « Ta solidarité t'oblige à ne pas troubler la paix de notre repas. Notre solidarité commande que nous t'assurions à la cuisine un bon verre d'eau claire. »

Messieurs, cette politique sociale est impuissante pour trois motifs. Elle condamne le prolétaire à garder dans ce monde la dernière place, sans justifier à ses yeux l'inique fatalité dont il est victime. Elle ne persuade pas sa raison.

Elle a pour unique moyen d'action les lois. Or les lois ne suffisent pas à résoudre des difficultés causées non seulement par les intérêts, mais par les colères. Les lois peuvent commander tout aux hommes, sauf de s'aimer. Elles n'apaisent pas les cœurs.

Enfin, décrétât-on des prélèvements rigoureux sur la fortune des riches, il restera toujours, tant que la propriété individuelle sera respectée, une disproportion terrible entre le soulagement offert par l'Etat et les désirs du pauvre. Ces mesures ne sont pas des calmants, elles ne sont que des apéritifs.

Le socialisme est la forme logique de l'incrédulité chez le pauvre. Dans une société sans croyances, deux sentiments seuls sont naturels : la haine du riche chez le pauvre, la peur du pauvre chez le riche. Le pauvre obtenant de la loi parce qu'il est la force, il n'est reconnaissant qu'à lui-même de ce qu'il obtient, et le reçoit comme un à compte sur sa créance, une avance sur la révolution sociale qui demeure son espérance. Les riches paient, mais comme des prisonniers soumis à rançon et attendent le César qui les délivrera de craindre et de payer.

A cette impuissance de la philosophie nouvelle, comparez l'efficacité de la vieille croyance. Par elle, par elle seule, l'inégalité des conditions qui est toute la société, et l'instinct du bonheur, qui est tout l'homme, se trouvent conciliés. La vie présente n'est pas le bonheur, elle est l'épreuve ; le bonheur sera la récompense de l'épreuve dans une autre vie ; les inégalités de conditions ont été permises afin que les hommes, frères d'origine et de destinée, s'aident, diminuent ces inégalités par des abandons généreux ; et cette libéralité volontaire, qui est leur premier devoir, est le plus grand de leurs titres à la récompense future.

La voilà, Messieurs, la solution du problème social.

Devant les perspectives infinies d'étendue et de durée qui sont offertes au bonheur futur, l'importance de la vie présente et de ses épreuves se réduit, l'humilité du dernier rang devient acceptable pour la raison de l'homme.

Le principal agent de la réforme n'est plus la loi, c'est la conscience. Il ne s'agit plus seulement pour chacun de s'acquitter d'une taxe annuelle envers le fisc, mais de s'acquitter d'un devoir permanent envers la misère. Le riche ne cherche plus le César qui lui permettrait d'être avare envers elle; nul César n'empêche que le labeur excessif, le salaire insuffisant, l'abandon du pauvre ne crient vengeance à Dieu. Et comme la sollicitude active et volontaire, manifestée sous toutes les formes de l'assistance, élevée parfois aux plus belles générosités, dispose de ressources que jamais la loi ne pourrait obtenir, le soulagement des maux matériels est donc autrement efficace.

Mais surtout le mal moral, la haine, la défiance entre les classes trouve un remède dans le rapprochement que l'accomplissement du devoir social crée entre les hommes. Le riche ne venait qu'adoucir des souffrances, il trouve des vertus à admirer. Et le pauvre à son tour, sentant que, sous l'humilité de sa condition, son frère reconnaît et respecte la dignité de l'origine et de la destinée communes, le pauvre, même quand il souffre, fait, par la plus admirable des générosités, crédit au riche, souffre sans haïr. Guérir les haines sociales, en soulageant les souffrances sociales, voilà le dernier et le plus grand résultat de notre doctrine.

Cette doctrine, fût-elle un songe, serait si haute, si complète, si salutaire, si conforme à la vocation de la nature, qu'il y aurait impiété à en réveiller l'humanité. Mais de rêve, il n'y a que le vôtre, à vous qui espérez rendre la démocratie à la fois incrédule et sage. Le christianisme, au contraire, a inscrit des victoires sociales dans toute son histoire, depuis son origine. Car lui n'a pas attendu, pour servir les faibles, qu'ils fussent devenus forts. Il n'a jamais fait varier son langage avec les circonstances, il a soumis les circonstances à des principes. Il a dès les premiers siècles déterminé le rôle de la richesse, le droit de ses détenteurs, et les droits des déshérités. Et la puissance qui a su arracher l'esclave, la femme, le serf à la toute puissance de la paresse et de la luxure antique et à l'orgueil du moyen-âge, et changer dans le monde le travail, la famille et la propriété, saura régler les rapports de la propriété et du travail.

Conclusions

Voilà ce que nous sommes, ce que nous voulons, ce que nous pouvons

Républicains d'origine, ou venus à la République par amour de la France, nous sommes unis.

Nous nous sommes unis pendant que les possesseurs du pouvoir se divisaient en partis.

Devant ces partis nous restons indépendants.

Nous n'avons de haine contre aucun, d'obligation à aucun. Notre conduite envers eux dépendra de leurs sentiments pour nous, et nous jugerons ces sentiments à leurs actes.

Nous sommes prêts aux alliances, pas aux capitulations.

A ceux qui voudraient se servir de nous sans nous servir, nous disons : « Où ne seront pas la liberté et la justice, ne sera pas notre concours. »

A ceux qui continueraient à nous combattre nous disons : « Vingt ans d'une lutte poursuivie contre nous avec des avantages que vous avez perdus ne nous ont pas affaiblis. Tôt ou tard, vous nous rendrez notre place ou nous la prendrons. »
Mais si nous n'avons pas la crainte de la guerre

en songeant à nous-mêmes, nous avons l'impatience de la paix en constatant combien nos discordes affaiblissent la France et combien elle a besoin de notre concorde.

A ceux qui nous donneront cette paix, — et Dieu veuille que ce soit bientôt ! — nous promettons le plus reconnaissant, le plus fidèle, et le plus passionné concours pour le service de la patrie.